Python

Kevin Lioy

Sommario

Premessa

Nei giorni in cui i linguaggi di programmazione diventano sempre di più, sempre più concisi, sempre più usati, di pari passo ci si chiede sempre più quale sia il linguaggio di programmazione migliore o almeno da quale iniziare. La risposta è: dipende da cosa si vuole realizzare, alcuni linguaggi sono più adatti di altri in base al contesto. La cosa importante è capire come il linguaggio descrive la realtà in cui viviamo all'elaboratore, esistono diversi paradigmi: procedurale (Fortran, COBOL, C), funzionale (PHP, Kotlin), orientato agli eventi (Visual Basic) ed infine orientato agli oggetti dove troviamo anche Python insieme a Java e tanti altri. Se questo è il tuo primo linguaggio di programmazione focalizzati sui concetti chiave in modo che al termine dell'apprendimento, sarai in grado di apprendere qualsiasi altro linguaggio di programmazione con una curva di apprendimento più bassa.

Potresti aver sentito che Python sta guadagnando popolarità, ma sapevi che ora è il linguaggio di programmazione più popolare nelle università degli Stati Uniti? Ed è il quarto linguaggio più popolare secondo un sondaggio IEEE, dietro i vecchi classici Java, C e C ++? Con questo e-book, oltre a conoscere il linguaggio, approfondiremo il motivo per cui è utile imparare Python e tanto che viene usato da molte aziende.

A chi si rivolge il libro

Python è facile da usare, potente e versatile pertanto diventa un'ottima scelta sia per i principianti che per i programmatori esperti. Questo e-book non ha lo scopo di non essere un'introduzione generale ai fondamenti della programmazione ma dovresti sapere i concetti chiave e saper usare un editor di testo o IDE.

La leggibilità di Python lo rende un ottimo primo linguaggio di programmazione: ti consente di pensare come un programmatore e di non perdere tempo con una sintassi confusa e poco chiara. Guarda la differenza tra il codice per stampare il classico "Hello World" in Java e Python:

In Java:

```java
public class Main {
    public static void main(String[] args) {
        System.out.println("Hello World");
    }
}
```

In Python:

```python
println('Hello World')
```

Immagina questa differenza su grandi e complessi progetti può essere davvero un elemento importante per accelerare e facilitare lo sviluppo. Imparerai ad apprezzare la sua portabilità, la sua modularità ed interattività pur sapendo che si tratta sempre di un linguaggio interpretato e di alto livello.

La sua versatilità permette di usarlo sia in classiche applicazioni client sia nelle applicazioni cloud-based infatti è supportato in AWS, in Google Cloud Platform e da tante altre piattaforme.

Cos'è Python?

Python è un linguaggio orientato agli oggetti che viene utilizzato in una varietà di scenari diversi. Python è un linguaggio di programmazione dinamica di alto livello, interpretato e si concentra principalmente sulla leggibilità del codice. La sintassi in Python aiuta i programmatori a scrivere codice in meno passaggi rispetto ad altri linguaggi come Java o C++. Il linguaggio fu fondato nel 1991 dallo sviluppatore Guido Van Rossum ed è ampiamente utilizzato nelle organizzazioni più grandi a causa dei suoi molteplici paradigmi di programmazione. Di solito viene usato per una programmazione funzionale imperativa e orientata agli oggetti e dispone di una libreria standard ampia e completa con gestione automatica della memoria e funzionalità dinamiche. Python negli ultimi anni ha scalato le classifiche rispetto ad altri linguaggi di programmazione come C, C ++ e Java ed è ampiamente utilizzato dai programmatori.

Potrebbe sembrare obsoleto un linguaggio nato nel lontano 1991 ma ha subìto un drastico cambiamento dalla sua uscita con l'introduzione di molte funzionalità aggiuntive. Python 1.0 aveva il sistema di moduli di Modula-3 e interagiva con il sistema operativo Amoeba attraverso vari strumenti. Python 2.0 fu introdotto nel 2000 e presentava funzionalità come il garbage collector(una modalità automatica di gestione della memoria) ed il supporto Unicode. Python 3.0 introdotto nell'anno 2008 aveva un design costruttivo che tende ad evitare moduli e costrutti duplicati. Negli ultimi anni le aziende hanno potuto beneficiare di funzionalità aggiunte introdotte nelle ultime versione, basti pensare che siamo già alla versione 3.8.

Vantaggi di Python

Il linguaggio Python può essere usato in molti ambiti dallo sviluppo software come giochi, framework e applicazioni Web alla prototipazione, alle applicazioni di progettazione grafica, ecc. Ciò fornisce al linguaggio un pubblico maggiore rispetto ad altri linguaggi di programmazione utilizzati nel settore. Uno dei principali vantaggi riguarda le ampie librerie standard che includono funzioni per operazioni su stringhe, Internet, strumenti di servizi Web, protocolli ed interfacce con il sistema operativo. La maggior parte delle attività sono già scritte in Python, questo limita la lunghezza del codice che lo sviluppatore dovrà scrivere in Python. Tutto ciò porta a design puliti e orientati agli oggetti che aumentano notevolmente la produttività del programmatore rispetto ad linguaggi come Java, VB, Perl e C.

Un altro vantaggio riguarda la possibilità di invocare direttamente codice scritto in altri linguaggi come C, C++ o, addirittura, Java. Python può elaborare anche XML e altri linguaggi di markup in quanto può essere eseguito su tutti i sistemi operativi moderni attraverso lo stesso codice byte.

Svantaggi di Python

Nonostante Python abbia diversi vantaggi e i programmatori lo preferiscano rispetto ad altri linguaggi di programmazione perché è facile da imparare e semplice per programmare, questo linguaggio ha comunque degli svantaggi. Uno di questi consiste negli amanti di Python che diventano così abituati alle sue funzionalità e alle sue ampie librerie che riscontrano problemi nell'apprendimento o nel lavoro con altri linguaggi di programmazione. Gli esperti di Python possono vedere la dichiarazione di variabili o l'uso di parentesi graffe e terminatori di istruzione un compito davvero oneroso. Hai avuto modo di vedere in precedenza la semplicità con cui Python scrive *Hello World* se paragonato a Java. Python, al contrario di Java però, risulta abbastanza debole nel settore mobile in quanto esegue le istruzioni con l'aiuto di un interprete anziché del compilatore.

Un'altra differenza con Java, almeno con le vecchie versioni, consiste nel fatto che Python è tipizzato in modo dinamico, quindi ha molte restrizioni sul design che sono segnalate da alcuni sviluppatori Python. Questa scelta porta a richiedere più tempo in fase di test perché gli errori vengono visualizzati solo quando le applicazioni vengono eseguite.

Se conosci Java noterai che anche rispetto alle tecnologie popolari come JDBC e ODBC, il livello di accesso al database di Python risulta essere poco sviluppato e piuttosto primitivo. Questo linguaggio, quindi, non può essere usato nelle aziende che necessitano di un'interazione regolare con dati complessi.

Installazione

Cominciamo assicurandoci che Python sia installato e configurato correttamente sul tuo computer. La buona notizia è che se hai un computer Mac o Linux, allora è probabile che tu abbia già installato Python sul tuo sistema. Il Mac viene fornito con Python così come Ubuntu Linux, quindi potresti già partire ma puoi assicurarti di avere la versione giusta. Apriamo una finestra terminale e digitiamo il comando

python3 --version

Se risulta installato risponderà con la versione installata sul tuo computer ad esempio: Python 3.8.0.

Se non hai ottenuto un risultato simile a quello descritto ovvero la parola Python seguita da un numero di versione, probabilmente hai ricevuto una messaggio di errore.

Se sei su Windows, prova a digitare:

python --version

Se ricevi un errore, significa che Python non è sul tuo computer e devi scaricarlo. Andiamo sul sito Web di Python ovvero python.org ed esegui il download dell'ultima versione o di quella che desideri, noi useremo la 3.8.0. Ti consiglio di usare la versione 3 di Python e non la 2.7 perché così potrai sfruttare le nuove funzionalità introdotte e tanto desiderate dagli sviluppatori. Lo sviluppo della versione 2.7 è stato interrotto qualche tempo fa anche se sta ancora ricevendo correzioni di bug ed è ufficialmente supportato fino al 2020 e puoi ancora trovare alcune piattaforme online come Google Cloud Platform che la utilizzano. La pagina dei download è impostata automaticamente sulla versione per il tuo sistema operativo ma esistono collegamenti per il download forniti per una moltitudine di sistemi operativi.

Sul Mac c'è un ulteriore passo che potresti dover fare. Dopo aver installato Python, vai nella cartella delle applicazioni e fai clic sulla cartella di installazione di Python. Se vedi un comando shell chiamato *Install Certificates*, eseguilo con doppio clic su di esso. In questo modo installerà i certificati di sicurezza di cui avrai bisogno se vuoi lavorare con dati forniti da Internet. Una volta installato Python, sei pronto per continuare con la lettura.

Esistono molti ottimi strumenti per lavorare con il linguaggio di programmazione Python, io preferisco Visual Studio Code. Ha un ottimo supporto per l'editing Python, è gratuito e funziona su Mac, Windows e Linux quindi un vero IDE cross-platform. Ha anche un'ampia varietà di plugin disponibili, che ti aiuteranno quando lavori con Python. Puoi scaricare questo IDE dal sito code.visualstudio.com e, una volta installato, avvialo e quindi fai clic sull'icona delle estensioni dal pannello laterale a sinistra. Nella casella di ricerca digita la parola Python in modo da mostrare le estensioni che stai cercando. Per ogni estensione viene mostrato anche un punteggio e il numero di download. Non è assolutamente necessario utilizzare plug-ins, ma è consigliato perché aggiunge il supporto per il debug e l'esecuzione di app Python direttamente da Visual Studio code. Quindi, una volta installata l'estensione, riavvia VS Code.

Ora c'è un'altra modifica che potresti dover apportare sul tuo computer infatti se sul tuo Mac hai sia Python 2.7 sia Python 3.8 in esecuzione devi assicurarti che il debugger punti alla versione corretta. Quindi dalle impostazioni esegui una ricerca sul percorso di Python alla ricerca di *python.pythonPath* quindi modifica questa impostazione se necessario.

Adesso siamo pronti a proseguire, ti ricordo che ci sono diversi IDE gratuiti come PyDev ovvero l'IDE Python di Eclipse e PyCharm che è la versione di IntellijIdea.

Le basi

Ora che abbiamo installato Python e configurato i nostri strumenti, è ora di iniziare a scrivere del codice Python. Prima di avviare il nostro editor di testo e iniziare a immergerci, useremo la modalità interpretata di Python nell'interfaccia della riga di comando per vedere quanto sia facile scrivere ed eseguire Python. Quindi ho avviato il mio terminale e ho intenzione di digitare soltanto il comando python3 e premere Invio. E ricorda che a seconda della tua installazione, il comando per invocare Python sul tuo sistema potrebbe essere leggermente diverso. Potresti aver solo bisogno di digitare la parola Python o Python 3.8 o qualcosa del genere, per maggiori informazioni fai riferimento ai documenti per l'installazione sul tuo sistema. Con questo comando siamo nella modalità interpretata di Python e qui puoi vedere anche il numero di versione.

Con questa modalità possiamo semplicemente digitare un po' di Python e il codice verrà eseguito.

Iniziamo con una semplice operazione aritmetica digitando:

>>>> 3+2

5

Python, così come JavaScript, è un linguaggio interpretato cioè non è necessario che l'applicazione sia compilata e incorporata in un eseguibile prima di poterla eseguire. L'interprete Python valuta ogni riga di codice, la interpreta e la esegue. In questo caso, sta semplicemente prendendo l'espressione numerica, e valutandola, restituisce il risultato ovvero cinque.

Proviamo qualcos'altro:

>>>> *print("Hello World")*

Con questa semplice istruzione ho eseguito la stampa di una stringa tramite l'istruzione Python che è una funzione integrata. Questo in realtà non è il modo in cui svilupperai il tuo progetto realmente. Voglio dire, ovviamente i programmi Python reali saranno molto più complessi di così, ma puoi usare l'interprete Python in modalità riga di comando per provare cose semplici. Digitiamo la parola *exit* seguito da una parentesi per uscire da questa modalità:

>>>> *exit()*

Ora che abbiamo visto come scrivere ed eseguire alcune istruzioni Python di base, avviamo Visual Studio Code e scriviamo il nostro primo programma Python. Dopo aver chiuso chiuso la pagina iniziale e aver creato un progetto iniziamo digitando la parola *print* e puoi vedere che mentre sto usando VS Code, sto ottenendo il completamento dell'istruzione, quindi premi invio per accettare il suggerimento e poi aprirò delle parentesi digitando all'interno *Hello World*:

print("Hello World")

Se non stai usando Visual Studio code, per eseguire questa applicazione dovrai avviare una finestra del terminale e navigare fino alla directory del file. Qui potrai eseguire il comando:

python3 helloworld_start.py

In questo modo vedrai che il programma verrà eseguito e verrà stampato l'output. Se stai usando VS Code con l'estensione Python, puoi eseguire l'app direttamente all'interno dell'editor, facendo clic sull'icona di debug e nella finestra della console di debug troverai l'output.

Adesso definiamo una funzione:

def main():

print("Hello World")

In questo modo si definisce una funzione chiamata *main* e che ha solo un'istruzione e questa stampa solo *Hello World*. Adesso bisogna salvare ed eseguire il programma facendo clic sulla piccola freccia verde.

Se ricevi un errore dovrai aprire le impostazioni di avvio per VS Code facendo clic sulla piccola icona a forma di ingranaggio e assicurati che la riga relativa a CWD sia vuota.

Dopo aver fatto clic sul piccolo pulsante verde di esecuzione vedrai che non succede nulla. Il motivo per cui non accade nulla è perché nessuno chiama la funzione principale. Abbiamo solo definito la funzione, ma non l'abbiamo invocata da nessuna parte. Abbiamo bisogno di scrivere del codice per eseguire effettivamente la funzione principale.

Avrai notato che Python sintatticamente è un po' diverso dagli altri linguaggi di programmazione a cui potresti essere abituato. Ad esempio in JavaScript puoi scrivere:

```
function f() {
    console.log("Hello World");
}
```

Avresti la funzione di nome *f* seguita da parentesi graffe che definiscono il corpo della funzione. Posso indentare come preferisco e aggiungere spazi bianchi perché per JavaScript non avrà importanza. Python non funziona così infatti non ha questa nozione dei delimitatori del blocco come queste parentesi graffe. Python utilizza effettivamente il livello di rientro delle righe di codice (indentazione) per capire dove appartiene quel codice. Quindi poiché sotto la definizione della funzione principale ci sono due spazi di rientro, l'interprete Python capisce che quella riga appartiene alla funzione principale e il carattere di due punti indica l'inizio di quel blocco.

Adesso aggiungiamo del codice per eseguire la funzione principale:

```
if __name__ == "__main__":
    main()
```

Questa condizione verifica se questo file di codice Python viene caricato e l'interprete Python ha assegnato alla proprietà *__name* il valore di *main*, tutto ciò significa che questo programma Python è stato eseguito come programma principale. Questo succede se il programma è stato avviato dalla riga di comando o richiamato dall'eseguibile Python e quindi questa funzione qui dovrebbe essere chiamata main.

In questo caso Python capisce che questa è la mia applicazione e non sto includendo questo file come se fosse una libreria di codice separata. Nel nostro caso il file viene eseguito come programma e la riga contenente *l'if verrà* valutata come vera e verrà invocata la funzione principale. Salvando e rieseguendo di nuovo, puoi vedere che la funzione principale è in esecuzione e stiamo ottenendo l'output *Hello World*.

Tipi di dati

Nella programmazione, il tipo di dati è un concetto importante e le variabili possono archiviare dati di tipi diversi e tipi diversi possono fare cose diverse. Python ha i seguenti tipi di dati integrati per impostazione predefinita, in queste categorie:

- str per il testo
- int, float e complex per i numeri
- list, tuple, range per le sequenze
- bool per i valori booleani (vero o falso)
- bytes, bytearray e memoryview per i binari

Per ottenere il tipo di dati di qualsiasi oggetto la funzione da utilizzare è *type*():

```
x = 10
print(type(x))

x = 10.5
print(type(x))

x = True
print(type(x))

x = "pippo"
print(type(x))

x = ['pippo']
print(type(x))

x = ('pippo', 'pluto', 'paperino')
```

```
print(type(x))

x = {'pippo', 'pluto', 'paperino'}
print(type(x))
```

Il risultato di questo codice sarà il seguente:

```
<class 'int'>
<class 'float'>
<class 'bool'>
<class 'str'><class 'list'><class 'tuple'>
<class 'set'>
```

Variabili ed espressioni

Ora diamo un'occhiata a come il linguaggio Python funziona con le variabili. Per prima dobbiamo sapere che i commenti in Python sono dichiarati usando il carattere cancelletto #. I commenti risultano particolarmente utili quando vuoi inserire un messaggio per te stesso o per chi leggerà, ad esempio, puoi descrivere l'idea di un algoritmo che hai sviluppato in una funzione tramite un commento.

Adesso dichiariamo una variabile come segue:

```
variabile=0

print(variabile)
```

In questo caso sto dichiarando una variabile denominata *variabile* e ho assegnato il valore di zero, successivamente invoco la funzione di stampa, che mostrerà il valore di quella variabile.

Puoi anche usare la vista di debug per vedere il valore della variabile tramite debugger, basta posizionarsi sulla variabile con il cursore del mouse e vedrai il valore che contiene.

Adesso voglio che qualunque sia il valore della variabile questo venga sovrascritto con una stringa, anche se la variabile è già stata dichiarata, puoi semplicemente impostarla nuovamente e tutto funzionerà come prima:

```
variabile=0
print(variabile)
variabile="abc"
print(variabile)
```

Per la mia applicazione ho bisogno di mostrare il giorno in cui è nato il mio cliente:

```
print("Il mio cliente è nato il giorno " + 15)
```

Questa istruzione genera un errore di tipo, infatti non puoi concatenare gli oggetti di tipo stringa con gli interi. Questo sta accadendo perché Python è un linguaggio fortemente tipizzato infatti non è necessario dichiarare il tipo di una variabile prima di utilizzarla. Python esegue il codice che genera un tipo specifico per un valore o una variabile e non puoi tornare indietro per cambiare il tipo della variabile o combinarlo con altri tipi. In questo caso specifico abbiamo una stringa e un numero, che sono due tipi diversi.

Se hai famigliarità con JavaScript probabilmente vedrai spesso questo errore perché quell'istruzione risulta valida in JavaScript. L'interprete JavaScript riconosce il numero *15* e vede che lo stai combinando con una stringa ed esegue lui la conversione al posto tuo.

In Python non funziona perché devi avere degli argomenti dello stesso tipo. Per poter rendere valida l'istruzione in JavaScript usiamo la funzione chiamata *str()*, che convertirà il numero in una stringa. Quindi abbiamo una stringa più un'altra stringa e funzionerà:

```
print("Il mio cliente è nato il giorno " + str(15))
```

Il mio cliente è nato il giorno 15

In Python esistono due tipi di variabili: locali e globali. Vediamo una definizione di variabile locale:

```
variabile=0

def funzione():
    variabile="test"
    print(variabile)
funzione()
print(variabile)
```

Se esegui questo codice puoi vedere che *variabile* inizia come zero, ma viene stampato *test* all'interno della funzione per poi stampare zero. Il tutto accade perché queste due *variabile* sono diverse tra loro, una è globale, l'altra è locale.

Il motivo è proprio perché all'interno della funzione la funzione ottiene la propria copia locale di tutte le variabili dichiarate all'interno della funzione. Quindi nella funzione, la *variabile*, è diversa da quella definita in cima al file. Sono considerate esattamente come due variabili separate dall'interprete Python.

Se voglio davvero influenzare il valore della variabile globale, devo dire alla funzione che *variabile* è in effetti globale. Per fare ciò in cima alla funzione scriverò la *variabile* globale:

```
variabile=0
def funzione():
  global variabile
  variabile="test"
  print(variabile)
funzione()
print(variabile)
```

Ora puoi vedere che all'interno della funzione viene stampato *test* e poi viene stampato di nuovo, perché questa funzione ora tiene conto della variabile globale. Dal momento che abbiamo detto alla funzione che *variabile* ora è globale, questo incarico influenza la *variabile* che è al di fuori della funzione.

Se vogliamo cancellare la variabile globale possiamo usare l'istruzione *del()* che cancella la definizione di una variabile precedentemente dichiarata. Aggiungiamo questa porzione di codice alla fine:

```
del(variabile)
print(variabile)
```

All'ultima riga dovrebbe esserci un problema, perché quella *variabile* è sparita, vedrai che viene stampato *test*, quindi i due pezzi di codice che sono ancora lì stanno funzionando ed infine avrai un errore che dice che il nome globale *variabile* non è definito ed è perché l'ho eliminato. Quindi, in sostanza, ciò significa che è possibile annullare la definizione delle variabili in tempo reale utilizzando l'istruzione *del*().

Le funzioni

La maggior parte delle applicazioni, indipendentemente dal linguaggio di programmazione in cui sono scritte, sono suddivise in blocchi più piccoli noti come funzioni e Python segue questo approccio. In questo capitolo, daremo uno sguardo a come lavorare con le funzioni in Python.

Iniziamo definendo una funzione:

```
def funzione1():

    print("Sono una funzione")
```

Le funzioni sono definite con la parola chiave *def* seguita dal nome della funzione, nel mio caso chiamerò la mia funzione *funzione1*, seguito da una coppia di parentesi perché questa funzione non accetta alcun argomento in input. Tutto questo rappresenta la firma del metodo e precede i due punti, che indicano l'inizio del blocco dell'ambito della funzione.

In altri linguaggi di programmazione questi due punti verranno sostituiti con parentesi graffe in Java o C per indicare lo scope. Non è così che funziona Python. Python usa i due punti, quindi la riga successiva sarà indentata per indicare che si trova nel blocco.

Python utilizza sia *def* scope che i due punti, sia il rientro per avere informazioni sul contesto. Aggiungiamo adesso l'invocazione della funzione:

```
funzione1()
print(funzione1())
print(funzione1)
```

Vedrai che verrà stampato il messaggio "Sono una funzione" per due volte, seguita dalla parola *None*, ed infine una stringa strana. Nel primo caso la funzione viene chiamata direttamente quindi semplicemente esegue il contenuto della funzione stampando la stringa. Nel secondo caso, la funzione viene anche chiamata all'interno della funzione *print()*, quindi l'output è lo stesso del primo caso, ma viene eseguita l'istruzione di stampa esterna e poiché la nostra funzione non restituisce un valore, Python valuta restituisce il valore in modo che sia la costante Python *None*, quindi ne stampa la rappresentazione. Nell'ultimo caso, la funzione stessa non viene eseguita affatto poiché non abbiamo incluso le parentesi tonde che servono per l'invocazione della funzione. Verrà stampato solo il valore della definizione della funzione stessa, questo dimostra solo che le funzioni stesse sono oggetti che possono essere passati ad altri pezzi di codice Python.

Vediamo un altro esempio di funzione:

```
def funzione2(arg1, arg2):
    print(arg1, " ", arg2)

def quadrato(val):
    return val*val
```

Abbiamo definito una funzione che accetta alcuni argomenti in input, l'abbiamo chiamata *funzione2*, e accetta *arg1* e *arg2* come argomenti stampandoli rispettivamente e separati da uno spazio. Abbiamo definito anche una funzione che restituisce il quadrato di un valore che accetta un argomento in input.

Invochiamo queste funzioni:

```
funzione2(5,10)
print(funzione2(5,10))
print(quadrato(6))
```

Eseguendo questo codice noterai che sulla prima riga vengono stampati 5 e 10 con uno spazio in mezzo, e questo è simile al primo risultato, e quindi nella seconda riga, abbiamo 5 e 10 che vengono stampati di nuovo con un valore *None,* e di nuovo ciò accade perché non esiste alcun valore di ritorno dalla *funzione2*. La funzione *quadrato* restituisce il valore di 36 e corrisponde a quello che viene stampato.

Definiamo adesso la funzione *potenza* per mostrare come è possibile usare un valore di default:

```
def potenza(numero, x=1):

  risultato = 1
  for i in range(x):
    risultato = risultato * numero
  return risultato
```

Non abbiamo ancora affrontato i cicli in Python ma ti basti sapere che si tratta di una semplice iterazione che si ripete un numero definito di volte. Abbiamo scritto che per tutte le i nell'intervallo (x) bisogna aggiornare il risultato moltiplicandolo per *numero* ed infine restituire il risultato. In pratica dato un *numero* lo eleva alla potenza data.

Nella definizione della funzione abbiamo impostato che x è uguale a uno, quindi questo assegna un valore predefinito per quell'argomento.

Invochiamo la funzione definita e vediamo cosa succede:

```
print(potenza(2))

print(potenza(2,3))

print(potenza(x=3, numero=2))
```

Nel primo caso sto invocando la funzione *potenza*, ma non gli sto dando un valore per x, quindi x ha per impostazione predefinita il valore uno. L'istruzione successiva invoco la stessa funzione con il primo valore uguale a due e la potenza è uguale a tre, quindi eseguiamo questo. Il risultato di queste due invocazioni sarà due e otto proprio come ci aspettiamo.

Nell'ultima istruzione avremo lo stesso risultato ovvero il valore otto ma abbiamo invocato la funzione in modo diverso perché Python ti permette di chiamare le funzioni con i loro parametri nominali insieme al loro valore. Quando ciò avviene l'interprete Python capisce a quali argomenti fornire i valori pertanto non è necessario chiamare la funzione con gli argomenti in un ordine particolare, se si forniscono semplicemente i nomi insieme ai valori.

In Python così come in altri linguaggi si può definire una funzione con un numero variabile di argomenti, pensa ad una funzione che mostra dei risultati all'utente finale.

Definiamo la funzione *sommatoria*:

```
def sommatoria(*args):
  result = 0
  for x in args:
    result = result + x
  return result
```

La funzione esegue quindi il ciclo su ciascun argomento della lista in input e li aggiunge a un totale parziale, che, alla fine, viene restituito.

Invochiamo la funzione *sommatoria*:

```
print(sommatoria(5,4,7,6))
```

Eseguendo questa funzione potrai vedere che il risultato sarà 22 e cambiando l'invocazione della funzione per includere un altro parametro, il risultato verrà aumentato.

Aggiungendo 10 come parametro il risultato sarà 32. Puoi combinare un elenco di argomenti variabili con una serie di argomenti formali, ma tieni presente che l'elenco di argomenti variabili deve sempre essere l'ultimo parametro.

Uno degli scenari abbastanza comuni in cui ti imbatterai nella programmazione è quello di prendere decisioni, ad esempio, se una condizione è vera esegui una determinata azione. Il programma deve confrontare i valori ed eseguire il codice in base a un risultato logico. Ed è qui che entra in gioco la logica condizionale ed in Python, le condizioni sono gestite dall'istruzione *if* che andiamo ad esaminare.

Nella funzione principale di questo esempio, abbiamo due variabili, x e y, rispettivamente valorizzate a dieci e cento per cominciare.

```
def main():

    x, y = 10, 100
    if(x<y):
        msg="x è minore di y"
    print(msg)
```

Vogliamo che se x è minore di y venga stampato un messaggio, in questo esempio il messaggio verrà sempre stampato.

Se cambio il valore di x in 1000 puoi vedere che sto ricevendo un errore perché la variabile *msg* è stata referenziata prima che venisse assegnata, il che significa che l'assegnamento non è mai stato eseguito. L'assegnazione non è avvenuta perché x non è più inferiore a y.

Per risolvere questo problema possiamo usare un blocco *else* per valorizzare *msg* anche se x è maggiore di y. A questo punto quando la condizione *if* è vera, il primo blocco viene eseguito altrimenti viene eseguito il secondo blocco:

```
def main():
    x, y = 1000, 100
    if(x<y):
        msg="x è minore di y"
    else:
        msg="x è maggiore o uguale a y"
    print(msg)
```

Possiamo aggiungere un'altra condizione ovvero il caso in cui queste due variabili sono esattamente uguali tra loro. Per controllare quest'altra condizione userò la condizione *elif* che viene usata in abbinamento al costrutto *if*:

```
def main():

    x, y = 100, 100
    if(x<y):
        msg="x è minore di y"
    elif (x==y):
        msg="x è uguale a y"
    else:
        msg="x è maggiore o uguale a y"
    print(msg)
```

Bene, quindi ora conosciamo *if, elif* ed *else*, così avremo modo di concatenare più di una condizione insieme. Python prende semplicemente *if* e *else* e li combina nell'unica *elif* dell'operatore.

Probabilmente ti starai chiedendo se in Python esiste l'equivalente di un costrutto *switch*. Molti linguaggi di programmazione hanno questo costrutto particolarmente utile quando si hanno molti valori. La risposta è no infatti Python, per poter essere molto semplice, si attiene al costrutto *if else* e usa *elif* come sostituto di *switch*. Se hai familiarità con altri linguaggi di programmazione e ti chiedi se c'è l'equivalente di quello, allora in Python, al momento, non c'è.

A volte ti imbatterai in situazioni in cui hai solo un *if* e un *else*, quindi hai poche righe se intendi fare un semplice confronto. Python, così come Java, ha un costrutto chiamato un'istruzione condizionale. L'istruzione condizionale ti consente di scrivere un costrutto *if else* tutto in una riga, ed è un modo più conciso di scrivere la logica per il confronto.

```
msg="x è minore di y" if (x<y) else "x è maggiore o
uguale a y"
```

Questo codice fa il lavoro di un costrutto *if else*, ma usa solo una riga. Anche JavaScript ha qualcosa di simile con l'operatore ternario se lo conosci già. Questo è un modo molto conciso di scrivere un'istruzione condizionale invece di dover scrivere un blocco più dettagliato *if else*.

Come iterare

La ripetizione del codice, tramite un costrutto noto come *loop* o ciclo, è uno scenario abbastanza comune nell'ambito della programmazione. Python offre un paio di modi per farlo quindi, cominciamo dando un'occhiata al ciclo *while*:

```
def main():
    x=0
    while(x<10):
        print(x)
        x=x+1
```

Per scrivere un ciclo di questo tipo, utilizzo la parola chiave *while* e quindi inserisco una condizione. In questo caso eseguirà il ciclo se x è minore di dieci. Nota ancora che il codice è formattato in modo che Python capisca dove inizia e dove finisca il blocco dell'iterazione.

Un ciclo while esegue un blocco di codice finché una condizione particolare è vera. Finché x è inferiore a dieci, stamperemo il valore attuale di x, e poi lo aumenteremo x di una unità. Alcuni linguaggi, come il C, offrono diversi modi per fare iterare. A Python piace mantenere le cose semplici infatti dispone solo di due modi di fare *loop*, *while* e *for*.

Prima di esaminare il costrutto *for* eseguiamo il codice scritto precedentemente e potrai notare che x inizia come zero, quindi stampa zero, uno, due, tre e quattro, quindi aumenta a dieci, la condizione nel ciclo non è più vera e quindi il ciclo termina.

Adesso proviamo a fare lo stesso con un ciclo *for*:

```
for x in range(0,10):

    print(x)
```

In questo modo per ogni x nell'intervallo da 0 a 10 eseguo la funzione *print(x)*. I loop in Python funzionano in un modo un po' diverso da come potresti essere abituato in altri linguaggi. Ad esempio, in JavaScript hai il concetto di un contatore indice, che controlla il numero di iterazioni in un ciclo *for*. I loop di Python sono quelli che vengono chiamati iteratori. In questo caso, voglio avere x loop in un intervallo di numeri. Ho usato la funzione *range* per darmi quell'intervallo di numeri. Quindi, ho un intervallo che va da zero a dieci, e vado a stampare x ogni volta. Nella finestra di output puoi vedere che i risultati saranno zero, uno, due....sette, otto e poi nove. Il numero dieci non è compreso nella range quindi l'intervallo si interrompe poco prima di dieci.

I loop operano anche su insiemi di cose, non solo su numeri. Supponiamo di avere un array con i nomi dei giorni della settimana lunedì, martedì, mercoledì... Potremmo creare un ciclo per ogni giorno e stamparne uno alla volta man mano che iteriamo. Ora, ovviamente, questo non ha nulla a che fare con i numeri. In questo caso, il ciclo *for* sta iterando su ogni elemento nell'elenco dei giorni. E in ogni iterazione *gg* sarà impostato sull'elemento corrente in quel momento attraverso il ciclo. Potrai vedere nell'output il seguente risultato: lunedì, martedì, mercoledì e così via.

```
giorni=["Lun","Mar","Mer","Gio","Ven","Sab","Dom"]

for gg in giorni:
    print(gg)
```

Il metodo *for* passa in rassegna tutti i contenuti dell'elenco ma ci sono alcune istruzioni interessanti *break* e *continue*. Riprendiamo il ciclo *for* che itera per ogni x nell'intervallo da 0 a 10 e se l'elemento corrente è uguale a sette, interrompi il ciclo ovvero usa la parola chiave *break*, altrimenti stampa x.

```
for x in range(0,10):
    if (x==7): break
    print(x)
```

L'istruzione break viene utilizzata per interrompere l'esecuzione di un ciclo, se viene soddisfatta una condizione. Quindi, quello che sto facendo qui è dire se x è uguale a sette, quindi interrompi il ciclo causando la fine del loop e il passaggio al successivo blocco di codice che in questo caso è la fine della funzione. Eseguendo questo codice vedrai che il risultato saranno i numeri da zero a sei poi inizia l'istruzione break che fa terminare il loop. Quindi, non stamperà mai sette, otto, nove.

L'istruzione continue salta il resto del ciclo, per quella particolare iterazione. In questo caso vogliamo che se x modulo due è uguale a zero continua ovvero la parola chiave *continue*. Cosa vuol dire? Prendi x, dividilo per due e se il resto della divisione è zero, continua. Continuare sostanzialmente significa saltare il resto dell'esecuzione di questo ciclo. Quindi, torna indietro fino all'inizio del ciclo e inizia con il valore successivo.

```
for x in range(0,10):

    if (x%2 ==0): continue
    print(x)
```

In questo caso i numeri pari sono stati saltati, perché per quei numeri la condizione viene verificata e restituisce vero saltando all'esecuzione successiva.

In realtà un modo per usare un contatore esiste

La funzione *enumerate* eseguirà l'iterazione su questa raccolta come farebbe normalmente il ciclo, ma oltre a restituire il valore dell'elemento esaminato, restituisce anche un valore che è l'indice dell'elemento in questione. Questa funzione restituirà due valori: restituirà l'indice del membro della raccolta che stiamo esaminando, nonché il membro effettivo della raccolta.

```
giorni=["Lun","Mar","Mer","Gio","Ven","Sab","Dom"]
  for i,gg in enumerate(giorni):
    print(i,gg)
```

Puoi vedere che verrà stampata sia la variabile del contatore dell'indice, sia il membro dell'array. Quindi, ottengo zero e lunedì, uno e martedì e così via.

Proprio come gli altri linguaggi, come JavaScript, Python ti dà la possibilità di scrivere codice orientato alle procedure o agli oggetti. Puoi usare le classi in Python e sono un ottimo modo per incapsulare funzionalità che possono essere tenute insieme e trasmesse come modulo completo da utilizzare in altri progetti ed è quello che vedremo in questo capitolo.

Le classi vengono definite utilizzando la parola chiave class e viene loro assegnato un nome, se la classe fosse basata su una superclasse da cui ereditare, avrei dovuto inserire il nome di quell'altra classe all'interno di queste parentesi. Adesso definiamo una semplice classe base che non dipende da nient'altro, quindi non devo inserire nulla. All'interno di una classe, posso definire funzioni o, come sono chiamati nella terminologia orientata agli oggetti, metodi che fanno parte di questa classe. Procediamo ad indentare il codice per creare un blocco e quindi uso la parola chiave def proprio come farei per qualsiasi altra funzione e, in questo caso, creo due metodi riferiti alla classe. Di solito, il primo argomento di uno qualsiasi dei metodi di una classe, è l'argomento self e si riferisce all'oggetto stesso. Se hai familiarità con JavaScript puoi associarlo un po' parola this. Quindi, all'interno di questo metodo, self farà riferimento a questa particolare istanza dell'oggetto in cui si opera.

```python
class persona():
  def cammina(self):
    print("Sto camminando")
  def parla(self, frase):
    print("Ti sto dicendo: " + frase)
```

Possiamo istanziare la classe scrivendo che pippo equivale a persona tra parentesi e cosi Python creerà un'istanza di un oggetto di questa classe. Una volta creata la classe possiamo quindi invocare i metodi della classe stessa.

Per invocarli basta scrivere il nome dell'istanza della classe, seguito da un punto e dal nome del metodo e tra parentesi passare in input gli argomenti.

```
def main():
    pippo = persona()
    pippo.cammina()
    pippo.parla("Ciao")
```

Nota bene che quando invoco i metodi della classe non devo fornire la parola chiave self. Questo è gestito automaticamente per me in fase di esecuzione da Python, devo solo preoccuparmi degli argomenti che sto passando a ciascuno dei metodi. Eseguiamo il codice appena scritto e noterai che in output avremo due righe, la prima è relativa al metodo cammina e stamperà la stringa "Sto camminando" mentre la seconda riga è relativa al metodo parla e stamperà "Ti sto dicendo: Ciao".

Affrontiamo adesso un altro concetto chiave nei programmi orientati agli oggetti: le superclassi e le sottoclassi. Questo riconduce il tutto al concetto di ereditarietà tra classi ovvero a delle relazioni padre-figlio che possono essere instaurate tra le classi. Nel nostro esempio andremo creeremo una classe che eredita da persona ma si differenzia per alcuni aspetti. Potremmo creare la classe uomo e donna che ereditano da persona. In tal modo la superclasse conterrà i metodi comuni ad entrambi come respirare, camminare, mangiare ecc e poi le classi figlie specificheranno attributi e metodi che distinguono un uomo e una donna.

```
class bambino(persona):
  def cammina(self):
    print("Sto camminando")
  def parla(self, frase):
    print("Ti sto dicendo")
```

A questo punto abbiamo due classi: la prima è persona, che abbiamo già visto e poi, un'altra classe che si basa sulla prima. Adesso istanziamo ed invochiamo i metodi della seconda classe:

```
bimbo = bambino()
bimbo.cammina()
```

In realtà possiamo notare che i metodi eseguono esattamente la stessa azione quindi nella definizione del metodo cammina della classe bimbo possiamo invocare il metodo della superclasse come segue:

```
class persona():
  def cammina(self):
    print("Persona: Sto camminando")
  def parla(self, frase):
    print("Persona: Ti sto dicendo: " + frase)

class bambino(persona):
  def cammina(self):
    persona.cammina(self)
    print("Bambino: Sto camminando")
  def parla(self, frase):
    print("Bambino: Ti sto dicendo")
```

```
def main():
    pippo = persona()
    pippo.cammina()
    pippo.parla("Ciao")
    bimbo = bambino()
    bimbo.cammina()
    bimbo.parla("Ciao")
```

Il risultato di questo codice è:

Persona: Sto camminando

Persona: Ti sto dicendo: Ciao

Persona: Sto camminando

Bambino: Sto camminando

Bambino: Ti sto dicendo

In questo modo puoi vedere la differenza tra il metodo cammina e il metodo parla della sottoclasse in quanto il primo invoca il metodo della superclasse mentre il secondo sostituisce il metodo della superclasse. In particolare il secondo ha la stessa firma ovvero stesso nome, parametri in input e stesso valore in output ma ha un comportamento diverso da quello della superclasse.

Come avrai notato, pur passando il secondo parametro alla funzione parla della sottoclasse, non viene stampato l'argomento passato in input perché non stiamo chiamando il metodo ereditato. Con un poco di pratica sarai in grado di creare in modo semplice tutte le classi di cui hai bisogno, sarai in grado di estenderle, sfruttando tutti i meccanismi spiegati per il concetto di ereditarietà.

Ora che abbiamo dato un'occhiata alle basi del linguaggio Python, rivolgeremo la nostra attenzione all'utilizzo della ricca libreria di codice fornita con Python per creare funzionalità nelle applicazioni Python. In questo capitolo, ci concentreremo sulla manipolazione di date e orari quindi al fine di ottenere questa ricca funzionalità che Python fornisce nella tua applicazione, devi dire a Python dove andare a prenderla. Il modo per farlo è usando qualcosa chiamato una dichiarazione di importazione ed andremo a dichiararla nel seguente modo:

```
from datetime import date
from datetime import time
from datetime import datetime
def main():
    data = date.today()
    print("La data di oggi è: ", data)
```

Quello che ho fatto è semplicemente dire all'interprete Python che dal modulo standard datetime fornito con la libreria standard, voglio importare le classi date, time e datetime. Queste funzionalità sono predefinite nella libreria Python e mi permettono di manipolare date e orari. E' importante l'uso di queste funzionalità perché ti consentono di non scrivere questo codice in quanto è già scritto per te, devi solo importarlo ed usarlo.

Questo codice invoca il metodo *today* sulla classe *date*, che restituisce informazioni sulla data corrente quindi eseguendo questo codice puoi vedere che stampa la data di oggi. Potrai notare che la data sarà stampata nel formato anno mese e giorno, separati da un trattino.

40

L'oggetto restituito dalla funzione *date.today* ha diverse proprietà ad esso associate infatti possiamo recuperare il singolo giorno, il singolo mese, il singolo anno, tra le altre proprietà.

```python
from datetime import date
from datetime import time
from datetime import datetime
def main():
    data = date.today()
    giorno = data.day
    mese = data.month
    anno = data.year
    print("Oggi è il giorno: ", giorno)
    print("Siamo nel mese: ", mese)
    print("Siamo nell'anno: ", anno)
```

L'output di questo codice stamperà rispettivamente il numero del giorno, del mese e dell'anno in cui viene eseguito il codice. L'oggetto *date* fornisce anche alcune proprietà utili che possiamo usare in altre funzionalità più avanzate di un'applicazione.

Possiamo recuperare quello che viene chiamato il numero del giorno della settimana. Questo numero inizia da zero per lunedì e viene incrementato fino a sei per la domenica.

Adesso stamperemo un messaggio di benvenuto per il nostro utente in base al numero del giorno della settimana odierno, in particolar modo, se il giorno è lunedì verrà augurato un buon inizio di settimana:

```python
from datetime import date
def main():
    data = date.today()
```

```
if (data.weekday() == 0):
    print("Buon inizio di settimana!")
```

Proviamo adesso a lavorare con alcuni oggetti *datetime*. E' proprio come lavorare con le date infatti dopo aver dichiarato la funzione *time* posso iniziare ad usarla.

Usando la classe *datetime*, anziché una classe di *date*, posso invocare la funzione *now* e questo mi restituirà la data corrente, così come l'ora corrente:

```
from datetime import datetime

def main():
    print("Data completa: ", datetime.now())
    print("Orario: ", datetime.time(datetime.now()))
```

In questo modo questo prenderà un oggetto *now* dalla classe *datetime*, lo passerà nella funzione *time* e questo ci restituirà solo l'orario pertanto il risultato di questa invocazione sarà qualcosa simile a:

Data completa: 2019-11-04 10:20:55.386062

Orario: 10:20:55.386184

Avere l'orario in questo formato può non essere conveniente, soprattutto se dobbiamo mostrarlo all'utente finale. A tal fine Python fornisce un set standard di codici di formattazione delle stringhe che è possibile utilizzare in una varietà di scenari. Se hai mai programmato in C o C ++ e hai usato la libreria C standard, allora questi codici potrebbero sembrarti familiari altrimenti sono abbastanza facili da capire una volta usati. Riprendiamo il codice visto in precedenza ed arricchiamolo usando queste funzioni:

Per formattare le informazioni sulla data si utilizza la funzione *stirftime* che è disponibile come metodo sull'oggetto *datetime* restituito dalla funzione *now*. Questa funzione accetta un argomento stringa che contiene uno o più di questi codici come segnaposto che funzionano come segnaposto per i dati di data e ora.

Nel prossimo esempio vedremo come formattare una stringa per ottenere l'anno e molto altro:

```
from datetime import datetime

def main():
    now = datetime.now()
    print(now.strftime("Siamo nell'anno %Y"))
    print(now.strftime("Siamo nell'anno '%y"))
    print(now.strftime("Mese %B"))
    print(now.strftime("Mese abbreviato %b"))
    print(now.strftime("Giorno del mese %d"))
    print(now.strftime("Giorno della settimana %A"))
    print(now.strftime("Giorno della settimana
abbreviato %a"))
```

Il risultato di questo codice è:

Siamo nell'anno 2019

43

Siamo nell'anno '19

Mese November

Mese abbreviato Nov

Giorno del mese 04

Giorno della settimana Monday

Giorno della settimana abbreviato Mon

Ovviamente è anche possibile combinare due o più di questi segnaposto:

```
from datetime import datetime

def main():
    now = datetime.now()
    print(now.strftime("Oggi è %d %B %Y"))
```

Il risultato è ovviamente una stringa:

Oggi è 04 November 2019

Esistono anche altri parametri che possono risultare particolarmente utili quando vogliamo informazioni specifiche sulla rappresentazione locale della data (gg-mm-anno, mm-gg-anno....) in base alla località.

```
from datetime import datetime
```

```
def main():
    now = datetime.now()
    print(now.strftime("Oggi è %c"))
    print(now.strftime("Oggi è %x"))
    print(now.strftime("Sono le ore %X"))
```

Il risultato sarà composto da tre stringhe:

Oggi è Mon Nov 4 10:56:47 2019

Oggi è 11/04/19

Sono le ore 10:56:47

Invece di doverlo capire manualmente esistono delle impostazioni internazionali specifiche che capiscono dove viene eseguita l'applicazione e come stampare le informazioni utilizzando le versioni localizzate correnti di data e ora, tutto già pronto ed offerto da Python. Questi codici di controllo c, x e X ti consentono di utilizzare ed ottenere il formato corretto qualunque sia la formattazione appropriata della locale corrente per data e ora.

Anche l'orario può subire delle formattazioni diverse in base alla località, basti pensare al formato AM/PM o formato espresso in 24 ore:

```
from datetime import datetime

def main():
    date = datetime.fromtimestamp(1572887191)
    print(date.strftime("Ora corrente 24h %H:%M%S"))
```

```
print(date.strftime("Ora corrente 12h %I:%M%S
%p"))
```

In questo codice abbiamo utilizzato un timestamp per recuperare l'orario e quindi questo codice stamperà l'orario in due formati diversi:

Ora corrente 24h 17:0631

Ora corrente 12h 05:0631 PM

Adesso sai che se ti dovessi trovare nella necessità di stampare stringhe formattate riguardo la data e l'ora, Python fornisce alcuni controlli piuttosto ricchi per supportarti in questo scenario.

Manipolare i file

Python offre metodi integrati per lavorare con i file. È possibile aprire file, scrivere dati all'interno di un file, rileggere i dati e così via, praticamente tutte le cose che ti aspetti di fare con i file. In questo capitolo vedremo tutto ciò che riguarda i file e come Python ne facilita l'utilizzo tramite le funzioni messe a disposizione. Ti accorgerai che aprire un file è davvero un'operazione semplice così come scriverci o leggere dei dati, inoltre, la sintassi è nel tipico stile di Python quindi molto semplice e concisa.

Aprire e scrivere su file

Per aprire un file dobbiamo invocare la funzione *open* e sono necessari almeno due argomenti: il primo è il file su cui operare e il secondo argomento è il tipo di accesso desiderato. Nel prossimo esempio di codice, apriremo il file *pippo.txt* con l'accesso in scrittura, a causa del parametro *w*. Possiamo indicare a Python di creare il file se non esiste già tramite il segno più (+).

La funzione restituisce l'oggetto file creato e lo assegna alla variabile *f*. Ora che il file è aperto, scriviamo alcune righe di dati.

```python
def main():
  f = open("pippo.txt", "w+")
  for i in range(10):
    f.write("Scrivo la riga num: " + str(i) +
"\r\n")
  f.close()
```

Il risultato di questa elaborazione sarà un file di nome *pippo.txt* nella stessa cartella che conterrà:

```
Scrivo la riga num: 0
Scrivo la riga num: 1
Scrivo la riga num: 2
Scrivo la riga num: 3
Scrivo la riga num: 4
Scrivo la riga num: 5
Scrivo la riga num: 6
Scrivo la riga num: 7
Scrivo la riga num: 8
Scrivo la riga num: 9
```

La funzione *write* scrive i dati nel file, che in questo caso è solo una serie di righe e dopo aver scritto il file deve essere necessariamente chiuso. Per fare ciò invochiamo la funzione *close* sul riferimento che abbiamo di *f*. Bene, quindi per ricapitolare, apriamo il file, scriviamo alcuni dati e lo chiudiamo.

Sovrascrivere un file

Quello che abbiamo fatto finora crea o sovrascrive il file ogni volta ma possiamo anche aggiungere del contenuto ad un file che abbiamo già scritto.

In questo esempio cambieremo la modalità in cui utilizziamo il file per permettere l'aggiunta di testo a quello già esistente:

```
def main():
    f = open("pippo.txt", "a")
    for i in range(10):
```

```
    f.write("Scrivo la riga num: " + str(i) +
"\r\n")
    f.close()
```

Il parametro *a* significa append ovvero aggiungere dati alla fine del file invece di sovrascrivere tutto il contenuto esistente. Il resto del codice rimarrà lo stesso, il che significa essenzialmente che verranno aggiunte 10 nuove righe alla fine del contenuto del file esistente. Adesso apri il file *pippo.txt* e potrai vedere che alla fine sono state aggiunte 10 nuove righe.

Leggere un file

Per quanto riguarda la lettura di un file esistono un paio di modi in cui puoi farlo. Innanzitutto, bisogna aprire il file per l'accesso in lettura cambiando la modalità da *a* in *r*. Usiamo solo la funzione di lettura per leggere l'intero contenuto del file e per stamparlo. Inseriamo un controllo per assicurarci che il file sia stato aperto correttamente perché in caso contrario, non c'è nulla da leggere, quindi possono generarsi degli errori. Puoi anche leggere il contenuto di un file riga per riga ma se hai un file molto grande, a volte non ha senso leggere tutto, specialmente se tutto ciò che vuoi è solo una parola o una breve frase.

```
def main():
    f = open("pippo.txt", "r")
    if f.mode == 'r':
        contenuto = f.read()
        print(contenuto)
```

Questo codice stamperà esattamente il contenuto del file ma Python ha anche una funzione di lettura delle righe che risulta molto utile in questo contesto. In questo caso possiamo leggere il contenuto come una matrice di singole linee e stamparle, quindi il risultato sarà lo stesso, solo che lo sto facendo in un modo diverso.

```python
def main():
    f = open("pippo.txt", "r")
    if f.mode == 'r':
        fl = f.readlines()
        for x in fl:
            print(x)
```

Eseguendo questo codice puoi vedere che le righe vengono lette e stampate e proprio come tutto il resto, Python rende davvero facile lavorare con il contenuto dei file.

File e OS

A volte, però, è necessario lavorare con file che vanno ben oltre la semplice lettura e scrittura dei dati. Potrebbe essere necessario, ad esempio, scoprire informazioni su un file: se esiste, in quale percorso si trova, se un determinato percorso è un file o una directory e così via. Python fornisce delle utilità relative per aiutarti a risolvere questo tipo di problemi. E' fondamentale conoscere bene il sistema operativo in cui girerà la nostra applicazione soprattutto quando utilizziamo i file in modo da evitare errori.

```python
import os
from os import path

def main():
    print(os.name)
```

Ovviamente il risultato potrebbe essere diverso per te in base al sistema operativo su cui stai eseguendo questo codice. Quindi diamo un'occhiata ad alcune delle funzionalità relative al percorso ed è per questo che abbiamo importato anche *path*. In questo modo possiamo interfacciarci con il file system per verificare se un file esiste tramite la funzione *exists*.

```python
import os
from os import path

def main():
    print(os.name)
    exists = path.exists("pippo.txt")
    if (exists == True):
        print("Il file esiste già")
    else:
        print("Il file non esiste")
```

Nota bene che non ho bisogno di fornirgli alcuna informazione sul percorso perché si trova nella stessa directory dello script che viene eseguito. Controlliamo che il file esista e controlliamo che effettivamente si tratti di un file piuttosto che una cartella. In questo caso userò *path.isfile* che restituirà vero se è un file, falso altrimenti. Potremmo anche usare la logica inversa con l'uso della funzione *path.isdir*. Preso in considerazione un elemento solo una delle due funzioni potrà restituire vero.

```python
import os
from os import path

def main():
    print(os.name)
    exists = path.exists("pippo.txt")
    if (exists == True):
```

```
      print("Il file esiste già")
    else:
      print("Il file non esiste")

    isFile = path.isfile("pippo.txt")
    if (isFile == True):
      print("Stai facendo riferimento ad un file")
    else:
      print("Stai facendo riferimento ad una
cartella")

    isCart = path.isdir("pippo.txt")
    if (isCart == True):
      print("Stai facendo riferimento ad una
cartella")
    else:
      print("Stai facendo riferimento ad un file")
```

Eseguendo il codice appena scritto avremo questo risultato:

```
posix
Il file esiste già
Stai facendo riferimento ad un file
Stai facendo riferimento ad un file
```

Esistono altri due metodi molto utili per quanto riguarda il percorso in cui si trovano i file:

```
import os
from os import path

def main():
  print(str(path.realpath("pippo.txt")))

  print(str(path.split(path.realpath("pippo.txt"))))
```

La prima istruzione stampa il percorso in cui si trova il file mentre la seconda per separare il nome file dal percorso. La prima riga restituirà il percorso assoluto mentre la seconda restituirà una tupla, che contiene da una parte solo il percorso e dall'altra parte solo il nome del file.

Immaginiamo di dover creare un programma in Python per svecchiare una cartella di log in base alla data di ultima modifica del file, è possibile? La risposta è certamente si, vediamo come fare:

```python
import os, time

path = r"/home/app/log"
now = time.time()

for filename in os.listdir(path):
    if os.path.getmtime(os.path.join(path,
filename)) < now - 7 * 86400:
        if os.path.isfile(os.path.join(path,
filename)):
            print(filename)
            os.remove(os.path.join(path, filename))
```

La maggior parte delle funzioni che vedi in questo esempio le conosci ma analizziamo l'intero algoritmo che resta comunque molto semplice da capire. Per prima cosa abbiamo importato le librerie che ci servono per poter manipolare sul sistema operativo e con l'orario. Abbiamo definito il percorso dove ci sono i log della nostra applicazione e successivamente abbiamo recuperato il numero di secondi trascorsi dall'inizio dell'epoca (nei sistemi Unix si tratta del 1 Gennaio 1970 alle 00:00:00 ora UTC).

A questo punto iteriamo per ogni elemento contenuto nel percorso selezionato con l'invocazione del metodo *listdir*(), il quale restituisce un elenco contenente i nomi delle voci nella directory fornite dal percorso. L'elenco è in ordine arbitrario e non include le voci speciali "." e '..' anche se sono presenti nella directory.

Per ognuno di questi file contenuti nella cartella abbiamo bisogno di sapere la data di ultima modifica perciò useremo la funzione *getmtime*() che restituisce l'ora dell'ultima modifica del file. Il valore restituito è un numero che indica il numero di secondi dall'inizio dell'epoca. Se il file in input non esiste viene lanciata un'eccezione di tipo *os.error* così come se il file è inaccessibile.

Con il metodo *os.path.join* unisci in modo intelligente uno o più componenti del percorso. Il valore restituito è la concatenazione di *path* e di *filename* con esattamente un separatore di directory (*os.sep*) che segue ciascuna parte non vuota tranne l'ultima, il che significa che il risultato finirà in un separatore se l'ultima parte è vuota.

A questo punto possiamo entrare nel vivo e decidere se il file è da eliminare oppure no infatti confrontiamo la data di ultima modifica precedente con la data attuale e nel caso in cui sia inferiore a 7 giorni fa procediamo alla rimozione del file. Avrai notato che utilizziamo un numero magico cioè 86400, questo numero indica il numero di secondi in un giorno ovvero 60 secondi * 60 minuti * 24 ore.

Infine verifichiamo se si tratta di un file e se la condizione è vera stampiamo il nome del file e procediamo alla rimozione con la funzione *remove*(). Questo metodo viene utilizzato per rimuovere o eliminare il percorso di un file e, infatti, non può rimuovere o eliminare una directory. Se il percorso specificato è una directory, verrà generata un'eccezione di tipo *os.error*. Per rimuovere una cartella, invece, può essere utile *os.rmdir*() per rimuovere la directory.

Conclusione

Python sta rapidamente diventando una delle lingue preferite da programmatori di ogni tipo sia su client che nel cloud. Abbiamo visto che Python è stato progettato per essere leggibile e presenta alcune somiglianze con la lingua inglese con influenze matematiche. Usa nuove righe per completare un comando, al contrario di altri linguaggi di programmazione che spesso usano punti e virgola o parentesi e si basa sull'indentazione, usando degli spazi bianchi per definire l'ambito; come per i cicli, le funzioni e le classi. Altri linguaggi di programmazione usano spesso parentesi graffe per questo scopo.

Abbiamo visto come iniziare a programmare in Python quindi ti consiglio di creare un tuo piccolo progetto in modo da scontrarti con delle esigenze e con gli aspetti che non abbiamo avuto modo di approfondire in questo e-book. Se ti piace quello che hai visto in questo e-book e pensi che Python possa adattarsi bene ai progetti a cui stai lavorando, puoi comunque avere maggiori informazioni sulla documentazione ufficiale. La documentazione ufficiale fornisce una copertura approfondita e completa del linguaggio di programmazione Python ma assicurati anche di rimanere aggiornato con Python per scoprire di più sulle funzionalità fornite dalla linguaggio.

All'indirizzo python.org troverai una documentazione completa su tutte le funzionalità che ho mostrato nel corso insieme ad alcune che non ho avuto modo di approfondire. Infine, se trovi che hai bisogno di aiuto con concetti specifici, come lavorare con classi e oggetti, ti consiglio qualche buon libro sulle basi della programmazione.

www.ingramcontent.com/pod-product-compliance
Lightning Source LLC
Chambersburg PA
CBHW031248050326
40690CB00007B/1009